Los Detectives Spagueti

Escrito por Joy Cowley

Ilustrado por Shane Marsh

✦ Dominie Press, Inc.

Directora General: Christine Yuen
Editor Ejecutivo: Carlos A. Byfield
Diseñadora: Lois Stanfield
Ilustrador: Shane Marsh

Publicado por:

🐾 Dominie Press, Inc.

1949 Kellogg Avenue
Carlsbad, California 92008 EE.UU.

www.dominie.com

Cubierta de cartón ISBN 0-7685-0871-1
Libro encuadernado ISBN 0-7685-0042-7
Impreso en Singapur por PH Productions Pte Ltd
1 2 3 4 5 6 PH 04 03 02

Contenido

Capítulo 1

¡Ella se está adueñando de todo!

Teo no podía ignorar a la nueva niña, Clara Lavalle. Era compañera de clase en la escuela, y vivía en el mismo edificio de apartamentos que él. Ya no podía decirse a sí mismo que él era el más inteligente de su clase. Clara sabía más acerca de todas las materias. Bueno, casi todos las materias. Teo era mejor en ortografía. ¿Cómo era posible que alguien dibujara un mapa perfecto de Estados Unidos y deletreara el estado de *Nevada, Noveda* y *Montana, Mantona?*

El primer día de clases, Clara había escrito *spagueti* por *espagueti.*

En secreto, Teo le había puesto de sobrenombre spagueti. Un día se le salió inadvertidamente el sobrenombre, pero Clara no se molestó.

—¡Qué bien! —dijo Clara—. Me gusta el nombre spagueti. ¡Es mi comida favorita!

Teo estaba contento de que ella no se hubiese ofendido, pero no muy contento con lo que dijo después.

—Así se llamará nuestra agencia de detectives. ¡Los detectives spagueti! —dijo Clara.

—Un momento —dijo Teo—. No es tu agencia de detectives. Nos pertenece a mí y mi hermano Pablo. Dijimos que podías ser nuestra consejera solamente —dijo él.

—¿Y qué? —dijo Clara—. Este fue un consejo —dijo mientras chasqueaba los dedos frente a la cara de Teo.

—¡Olvídate! —dijo Teo en voz alta—. ¡No puedes apoderarte de un negocio que no es tuyo y ponerle tu nombre!

No es mi nombre —dijo ella sonriendo—.
Es el nombre que tú me diste. ¡Vamos Teo,
deja de soñar! Tu agencia necesita un cambio.
Hay cientos de personas en este edificio. ¿Qué
crees que piensan cuando leen un aviso
escrito a mano pegado al ascensor? Lo miran
y piensan, niños —dijo Clara.

—Tu mamá dijo que era una gran idea
—le recordó Teo.

—Pensó que era una gran idea para niños
—dijo Clara—. ¿Quieres que la gente opine lo
mismo? ¿Niños haciendo algo encantador?

Teo estaba molesto. Les había ido bien con
su agencia de detectives. Hasta ahora, habían
resuelto cuatro casos. Claro, los casos eran
menores: un collar de perros que había
desaparecido, anteojos desaparecidos, una
llave que se había caído por una rejilla y
encontrar una tienda que vendiera dulce de
sorbete de limón.

¿Qué importaba? Todo estaba bien. Lo que no necesitaban era una señorita sabelotodo, spagueti, entrometiéndose en el negocio privado de familia.

—Estamos bien así —dijo Teo.

—Te diré lo que voy hacer —dijo Clara que no se daba por vencida fácilmente—. Imprimiré carteles con mi computadora, gratis. Carteles verdaderos. No cosas de niños. Los pondré en cada piso del edificio.

—¡No vayas a quitar los carteles que hizo mi hermanito! —dijo Teo furioso—. Pasó varias horas haciendo esos carteles.

Pero su hermanito Pablo estaba loco por la idea de Clara. Adoraba a Clara. Si ella le hubiese dicho que comiera lombrices, él lo hubiese hecho.

—¡Es una idea genial! —le dijo a Teo—. Nos llamaremos Detectives Spagueti y tendremos carteles profesionales. Podemos usar el número de teléfono de Clara también. Con dos números de teléfono, conseguiremos más trabajo.

A Teo sólo le quedaba una persona con quien hablar: su papá, un jefe de cocina a la hora del almuerzo en el restaurante Caballo Hambriento. Había regresado del trabajo y estaba recostado sobre el sofá leyendo el periódico y tomándose una bebida fría. Escuchó mientras Teo le contó todo lo que había ocurrido.

—¡Ella se está adueñando de todo! —dijo Teo.

—La vida es muy chistosa —dijo su papá mientras doblaba el periódico—. Tú te sientes infeliz porque hay una mujer en tu vida. Yo me siento desdichado porque no hay una mujer en mi vida. ¿Sabes cuál es el mejor remedio para eso?

Teo negó con la cabeza.

—Yogur congelado de chocolate —dijo su papá, mientras abría el refrigerador.

Capítulo 2

El caso de las herramientas perdidas

El señor Milano, el conserje del edificio, no estaba muy contento con los nuevos carteles, que eran dos veces más grandes que los anteriores.

—No pueden poner esos carteles grandotes por todas partes —dijo él—. La gente se va a quejar.

—¿Se ha quejado alguien? —preguntó Clara con una sonrisa amistosa.

—Con el tiempo lo van hacer —refunfuñó el señor Milano—. ¿Y a quién le van a echar la culpa? ¡A mí!

—Le damos nuestra palabra, señor Milano —dijo Clara—. Si alguien se queja, quitaremos los carteles. ¡Ay señor Milano! Yo sabía que usted comprendería —dijo Clara.

Teo se quedó mirando mientras Clara se marchaba y el señor Milano quedaba con la palabra en la boca. Tenía que reconocer que la niña spagueti sabía convencer a las personas.

El señor Milano frunció el entrecejo.

—Yo creía que esto de los detectives era cosa tuya y de tu hermano —dijo él.

—Yo también creía eso —dijo Teo, mientras encogía los hombros y extendía las manos.

El conserje se rascó la nuca.

—¿Son ustedes buenos detectives? —le preguntó.

—Hemos resuelto cuatro casos —dijo Teo—. Y hace solamente dos semanas que empezamos.

—Bueno —dijo el señor Milano—. Tengo un problema, pero tal vez sea algo para la policía. Alguien ha estado robando mis herramientas —dijo él.

—¿Quiere decir que hay un ladrón en el edificio? —preguntó Teo.

—Creo que sí —dijo el señor Milano—. Yo cierro con llave el depósito de herramientas, pero alguien debe tener la llave de la puerta. No hay ventanas en ese cuarto. Las cosas desaparecen—las llaves de tuerca, pinzas, un juego de taladros y otras cosas. Lo peor es que ahora desapareció mi reloj. Me lo regalaron mis padres cuando cumplí veintiún años.

—¡Increíble! —dijo Teo.

—Sí. Un reloj de oro con el nombre "Francisco Milano" grabado atrás. Me lo había quitado porque estaba pintando y no quería que se ensuciara con pintura. Ahora está perdido —dijo tristemente—. Daré una buena recompensa si lo recupero.

Teo recordó el anillo que su papá había perdido y cómo había aparecido en el guante.

—¿Está seguro de que no lo dejó en algún

otro lugar? —preguntó.

—¿Qué clase de tonto piensas que soy niño? —le contestó el conserje.

—Lo siento señor —dijo Teo—. Un detective tiene que hacer ese tipo de preguntas. Si estaba en el depósito de herramientas y éste estaba cerrado con llave...

—Entonces de seguro que hay un ladrón en el edificio —dijo el señor Milano.

Teo asintió con la cabeza. No quería pensar que uno de sus vecinos fuera ladrón. Hacía dos años que habían arrestado a un conserje por saquear la correspondencia de los inquilinos. No quería que sucediera lo mismo otra vez.

—Señor Milano —dijo Teo—. Necesito pedirle dos cosas. Primero, necesito buscar pistas. ¿Puedo inspecionar el depósito de herramientas?

—Claro que sí —dijo el señor Milano—. Ahora mismo podemos ir. ¿Qué otra cosa?

—Pienso que puedo solucionar este caso por mi cuenta —dijo Teo, mientras se enderezaba para verse más alto—. Le agradecería que no les dijera nada a mis socios

—¿Quieres la recompensa para ti solamente? —dijo el señor Milano con una sonrisa.

—No, no es eso —dijo Teo.

—¿Por qué entonces? —preguntó el señor Milano.

—Es algo personal —dijo Teo.

Capítulo 3

Tarea

Clara y Pablo corrieron por el pasillo para decirle a Teo que tenían dos casos nuevos. El primero no era una caso de detectives. El señor Ramos, ya anciano, quería que se subieran sobre unas escaleras y bajaran unas fotos que estaban sobre un armario. El otro trabajo era más interesante. La señora Hernández había perdido su amuleto, una pulsera de plata, en el lavadero.

—Se la quitó para que no se le enganchara con la ropa —dijo Clara—. Pero fue precisamente lo que ocurrió. Quedó enganchada en la ropa de otra persona.

La pregunta es ¿la ropa de quién? —dijo ella.

—Averigua quién estaba lavando ese día —dijo Teo.

—¿Cómo? —preguntó Clara acercándose hacia él.

Teo levantó los hombros.

—Es un caso simple —dijo Pablo—, pero complicado a la vez. Vamos a tener que ir a cada apartamento y preguntar. ¿Cuántos apartamentos hay? —preguntó él.

—Ochenta y ocho —dijo Clara—. Pero puede ser que sea el primer apartamento. O el quinto. O el décimo.

—O el número ochenta y ocho —dijo Teo.

—Necesitamos un sistema —dijo Clara mientras abría su cuaderno—. Necesitamos decidir quién va ir a cuál piso.

—No cuenten conmigo —dijo Teo.

—¿Qué? —dijo Pablo mirándolo fijamente.

—Tengo tarea que hacer —dijo Teo.

—No, no tienes tarea —dijo *spagueti*.

—¡Sí tengo! —dijo Teo.

—La señorita Barrios no nos dio tarea —dijo ella.

Teo se puso enrojecido.

—¿Qué sabes tú acerca de la tarea que yo hago? —le gritó—. ¡Tú no sabes lo que yo hago! —le dijo, y se dio vuelta para irse—. Mañana les ayudaré a ir por cada apartamento.

Estaba nervioso de que le descubrieran su mentira. Pero se dijo a sí mismo que no era una mentira. Era una tarea ¿cierto? Una tarea que él tenía que hacer.

Sabía que iba a encontrar el ladrón que estaba robando las cosas del señor Milano. Lo único que tenía que hacer era poner una trampa.

Estaba seguro de dos cosas. El ladrón tenía una llave para el cuarto de herramientas y el robo ocurría por la noche. Teo sabía que su papá no le permitiría esconderse en el cuarto de herramientas por la noche. Aparte de que ya el señor Milano lo había intentado. Las noches que había dormido en el depósito de herramientas no había pasado nada. Teo tenía otro plan.

Con el dinero que había ganado en su último caso, fue de compras a la ferretería. Compró un hilo fino del mismo color gris que la puerta del cuarto de herramientas. Con el hilo y media taza de harina, fue al sótano donde estaba el depósito de herramientas. El señor Milano observaba mientras Teo ponía cuidadosamente el hilo atravesando la puerta a la altura de un tobillo. El conserje no estaba impresionado.

—Ya sabemos que el ladrón entra por la puerta —dijo él—. ¿Qué vas a comprobar con ese hilo?

—No he terminado —dijo Teo, mientras echaba harina por el piso—. Por la mañana,

vamos a poder ver las pisadas del ladrón en la harina —dijo Teo.

El señor Milano no estaba convencido aún.

—Cualquier persona que tenga dos dedos de frente podrá ver el hilo y la harina, y pasará por encima ahí —dijo él.

—No si la luz está apagada —le contestó Teo.

Pero con luz o sin luz, no había ninguna pisada la mañana siguiente. Y el hilo que atrevesaba la puerta no se había partido. Y en el depósito de herramientas del señor Milano habían desaparecido unas llaves de tuerca.

Capítulo 4

Una consulta

Teo puso la trampa por tres noches seguidas. Puso el hilo a diferentes alturas, atravesando la puerta del depósito de herramientas. Puso arena en vez de harina sobre el piso. El hilo nunca se partió. No había ninguna huella. Pero cada noche desaparecían más herramientas.

—Te dije que era un trabajo para la policía —dijo el señor Milano.

Teo odiaba fracasar, pero tenía que admitir que estaba desconcertado. Aunque no quería, debería de consultar con su hermano y con la niña spagueti.

Resultó que Clara y Pablo no tenían mucho

interés en el caso de las herramientas perdidas.
Tenían su propio caso que resolver. Nadie
había visto la pulsera de la señora Hernández.

—A menos que alguien estuviera mintiendo,
—dijo Clara.

—Como Monti Rosas —dijo Pablo.

—¿Quién? —preguntó Clara.

—Ocurrió antes de que tu vinieras a vivir
aquí —explicó Teo—. Monti Rosas era el
portero que saqueaba la correspondencia.
Creo que está en la cárcel.

—Si quieren saber mi opinión —dijo
Pablo—. Creo que tenemos otro "*robador*".

—Ladrón —dijo Teo—. No existe la palabra
robador.

—¡Sí existe! —dijo Clara—. ¡Fíjate en el
diccionario!

—No solamente ha desaparecido la pulsera.
Otras cosas han desaparecido del lavadero: el
cortaplumas del señor Ramos y el suéter de

lentejuelas de la señora Rodríguez.

—No olvides las herramientas del señor Milano —dijo Teo.

—¿Saben qué? —dijo Teo frunciendo el entrecejo—. El lavadero está en el sótano.

—¿Y qué tiene que ver eso? —preguntó Clara.

—El depósito de herramientas también está en el sótano.

—¿Y qué tiene que ver eso? —dijo Clara.

—Voy a revisar el lavadero —dijo Teo y se fue corriendo.

Capítulo 5

Detrás de los estantes

La única persona que estaba en el lavadero era el señor Patina, que vivía en el octavo piso. Estaba doblando las toallas que sacaba de la secadora.

—¿Niños, todavía están recorriendo el edificio? —les dijo refunfuñando—. Ya saben las reglas. ¡Caminen, no corran! —dijo él.

Spagueti lo miró con una sonrisa bien grande.

—Hola señor Patina. Permita que le ayude —dijo ella.

—No es necesario —dijo el señor Patina, pero permitió que ella le ayudara.

Mientras tanto, Teo inspeccionó detrás de las secadoras. Había un agujero en la pared tan grande como una puerta de horno de microondas.

—¿Qué es eso? —preguntó.

—Es un respiradero —dijo el señor Patina—. Ya no se usa ahora que hay ventiladores modernos.

Teo trató de mirar por el agujero.

—¿Adónde lleva? —preguntó.

—Hay una salida en el primer piso —dijo el señor Patina—. Ustedes deben haberla visto. Está casi a la altura de la calle y tiene una rejilla.

Teo vio que los ojos de *spagueti* se iluminaron.

—Gracias señor Patina —dijo Teo.

No esperaron a que llegara el ascensor. Se fueron corriendo por las gradas, salieron por la puerta del frente y dieron la vuelta por el edificio. A unas seis pulgadas de la acera estaba la salida. Una rejilla de hierro cubría un agujero del mismo tamaño que en el lavadero.

Clara enganchó la rejilla con el dedo y la haló. Se desprendió fácilmente. Ella y Teo se miraron y rieron.

—Nadie puede meterse por ahí —dijo Pablo—. A menos que sea un bebé —dijo, mientras se le hacían grandes los ojos—. Una vez vi una película de un hombre que había entrenado a su mono a que robara —dijo Pablo.

Teo y Clara colocaron la rejilla en su lugar.

—Hay una caída de seis pies de aquí al lavadero —dijo ella.

—No puede ser una caída directa —dijo Teo—. La abertura en el lavadero está en la pared. Eso quiere decir que da una vuelta —dijo él.

—Podríamos medirlo —dijo Clara.

En ese momento se oyó un grito del otro

costado del edificio. Era Pablo el que gritaba.

—¡Teo, Clara, hay otra rejilla aquí! —dijo
Pablo.

Dos minutos más tarde estaban en la sala
de espera marcando el número de teléfono del
señor Milano. Luego regresaron al sótano y
esperaron contiguo al depósito de herramientas.
Finalmente llegó el señor Milano con la llave
de la puerta.

—¿Qué sucede de tanta importancia que
tengo que venir aquí y no puedo acabar de
destapar la cañería de la familia Soto?
—preguntó el señor Milano, fastidiado.

Teo entró al depósito de herramientas y
buscó por todas partes.

—¿Qué hay detrás de eso? —dijo, mientras
señalaba unos estantes con latas de pintura.

—Nada —dijo el señor Milano—. Te dije
que no hay ventanas aquí.

—Tiene que haber un respiradero en la

pared —dijo Clara.

—¿Por qué? —contestó el señor Milano—.
Tenemos ventiladores en el techo. ¿Por qué
necesitamos salidas de aire?

Teo se paró cerca de los estantes de pintura
tratando de ver si había una abertura en la
pared. Pero los estantes estaban muy pegados
a la pared y eran muy pesados para moverlos.

—¿Qué estás tratando de hacer? —le
preguntó el señor Milano.

Clara cogió una escalera doble y la apoyó
contra los estantes. Desde ahí podía ver lo que
había detrás de las latas de pintura —¡Ahí
está el respiradero! —dijo ella—. Igual que en
el lavadero. Algo ha andado por aquí también.
Ha caminado sobre las latas, por los estantes
y ha bajado por el asiento. Puedo ver las huellas
en el polvo. Es algo pequeño.

—¿Quieren que yo crea que alguien ha
entrado por ese agujerito en la pared? —dijo el

señor Milano, con un bufido—. Ni uno de ustedes puede pasar por esa abertura, mucho menos un ladrón.

Teo vio lo mismo que vio Pablo. La mesa de trabajo del señor Milano, que estaba al lado del estante, estaba cubierta de polvo. Corrieron hacia ella. Pablo le pasó la mano y se la enseñó al señor Milano.

—¿Tiene usted un perro? —le preguntó.

—Ustedes saben que no —dijo el conserje—. ¿Qué clase de pregunta es esa?

Teo miró la mano polvorienta de Pablo y vio que había unos pelos entre el polvo.

Sostuvo algunos pelos y sonrió.

—Bueno —dijo Teo—. Alguien tiene un perro, aunque no sea usted. Estos son pelos de perro.

—¿Pelos de perro? —dijo el señor Milano sorprendido. Yo no permito que entren perros aquí.

—¿Cómo piensa que pudo entrar un perro

aquí? —le preguntó Teo.

—Le apuesto que hay pelos de perro en el lavadero también —dijo Clara con una gran sonrisa.

—Tal vez no —dijo Teo—. El lavadero se limpia todos los días.

—Así que ahora se trata de que no limpio mi depósito de herramientas —dijo el señor Milano cruzando los brazos.

—Yo no dije eso —dijo Teo.

—Yo pensaba que estabas haciendo este trabajo por tu cuenta —dijo el señor Milano—. ¿No dijiste que no querías que tus socios te ayudaran con este caso?

Teo abrió la boca pero no le salió ninguna palabra. Pablo lo miró con sorpresa. La sonrisa de la terrible niña *spagueti* desapareció. Sus ojos se achicaron.

—¿Qué dijo él? —preguntó Clara enojada.

Capítulo 6

Todos duermen

El papá de Teo opinó que el apartamento de la señora Hernández sería el mejor punto de observación. Por la ventana de la sala se podían ver las dos rejillas que daban a la calle.

El señor y la señora Hernández les dieron leche y pastel de limón y después se fueron a acostar.

—¡Bendiciones! —dijo la señora Hernández—. Espero que encuentren al perrito que le gusta ponerse pulseras de plata.

Teo quería ver televisión, pero su papá dijo que no. Había que apagar todas las luces, incluyendo la luz de la pantalla de la televisión.

Se trataba simplemente de esperar en la oscuridad cerca de la ventana para ver que pasaba.

Pablo se quedó dormido primero, su cabeza apoyada sobre el hombro de Clara. Teo estuvo de guardia hasta que vio que la cabeza de Clara se inclinaba contra la de Pablo. ¡Ajá! La terrible niña spagueti se estaba durmiendo. Teo era el único detective que estaba despierto. Se sabe que también estaba su papá, pero era cocinero y no detective, así que no contaba.

Teo trató de mantener los ojos bien abiertos y miró hacia las figuras apoyadas contra el sofá. No sabía por qué spagueti se había eno-jado tanto con él. Hasta lo había llamado cara de gusano. Eso era cruel, ¿cierto? La doctora Lavalle se escandalizaría si supiera que su hija era cruel.

Se le cerraban los ojos y él trataba de mantenerse despierto. El reloj de la televisión señalaba que era la 1:30. ¡Tenía que permanecer despierto!

La próxima vez que abrió los ojos eran las 3:10 y su papá estaba hablando en voz baja por teléfono.

—Disculpe la molestia Francisco —le decía al conserje—. Creo que aquí viene el ladrón. En este momento está quitando la rejilla que va hacia su depósito de herramientas.

Teo dio un salto de su silla y se arrimó a la ventana.

Abajo, en la acera, se veía la figura de un hombre, y a su lado la figura de un perro pequeño. Al quitar la rejilla, el perro entró por el agujero.

—Tú ve al cuarto de herramientas —dijo su papá—. Yo llamaré a la policía.

Capítulo 7

Un poquito enojada

El ladrón era Monti Rosas, que había salido de la cárcel y estaba cometiendo robos otra vez. Tenía un perrito que había entrenado para que cogiera cosas brillantes como herramientas y alhajas. Cuando la policía fue a inspeccionar otros edificios de apartamentos del vecindario, descubrió que las rejillas de los respiraderos estaban sueltas. En todos esos edificios habían cometido robos recientemente.

La mayoría de las cosas robadas se recuperaron y la recompensa por el reloj del señor Milano y la pulsera de la señora Hernández fue dividida entre tres, entre los detectives spagueti.

—Hemos resuelto dos casos más —dijo Teo—. ¡Somos unos genios!

—Quiero que sepas que te perdono —dijo Clara, con una sonrisa.

—¿Qué hice? — preguntó Teo.

—Tú sabes muy bien —contestó ella.

—Claro —dijo Teo—. Me perdonas por que me llamaste *cara de gusano*.

—Te perdono por ser malito —dijo Clara.

—No necesito tu perdón —dijo Teo haciendo una cara.

—No importa —dijo Clara. Te lo doy de todos modos.

En ese momento, la doctora Lavalle se acercó y puso una mano sobre el hombro de su hija.

—Esto tiene que terminar —dijo la doctora Lavalle—. Ustedes dos son muy parecidos. Sabes Teo, si tuvieras una hermana melliza, sería igual que Clara.

La terrible *spagueti* arrugó su nariz.

—¡Ni modo! —dijo ella.

—Está bien —pensó Teo. Clara todavía estaba un poquito enojada con él. Cuando *spagueti* estaba muy enojada con él, Teo se preocupaba. Pero cuando estaba solamente un poquito enojada....bueno la vida se hacía más interesante.

—¿Qué vas a hacer con el dinero que te tocó? —le preguntó Teo.

Spagueti se rió.

—Vayamos al cine —le contestó.